Von Masken und Wahrheit

Wahrheit

Band 2

Ausgewählte Lyrik 2008 - 2011

Markus Balaz

Originalausgabe, 1. Auflage Juli 2011
Herstellung und Verlag: Books on Demand GmbH, Norderstedt
ISBN 9783842372498

Vorwort

„Von Masken und Wahrheit" ist die Essenz eines spirituellen Weges und die Manifestation der Seele im Kontrast zwischen Sein und Schein. Dieses zweite Band ist die Fortsetzung eines Strebens nach spirituellem Erwachen und dem Streben nach Erkenntnis. In Dankbarkeit zum Leben sind diese Zeilen gewidmet, in dessen Schwermut und Melancholie sich die reinste Flamme der Liebe entfaltet. Unter der Trunkenheit eines Lebens voller Ablenkungen brennt sie, und um ihr ist es kühl und dunkel. Aber diese Flamme ist die Quelle von unausschöpflicher Kraft, welche zur Hoffnung jedes Einzelnen und zur Hoffnung der Menschheit wird. Sie führt mich auf steinigem Wege und ebenso führt sie meine Feder zum Ausdruck eines zarten Lebens, wie es ein jeder in sich trägt.

Inhalt

Der Narzisst

Einsam blickt er in das prüde
Spiegelbild im matten See.
So zehrte dieses Bild an ihn
 und macht' ihn müde ,
es war die Welt für ihn, und nun tut's weh.

Erfreute er sich an den Farben,
die alles was er sah' ergaben.
„Ich bin das Leben und der Sinn!"
Vom eignen' giftig Blut er trinkt;
und der Gedanke konnt' ihn tragen.

Der Jüngling geht den grauen Weg;
geliebt von jedem, ‚ganz gewiss!',
in seinen Augen, doch ihm entgeht,
dass er schon lang alleine ist.
Die Illusion, sie lebt und lebt.

Wie kann die Welt nur anders sein,
wenn sie sich zeigt' ihm tief und rein?
So war sie und hat sich bestätigt
und zeichnete sein Spiegel stetig.
Das Blut wird dicker und gerinnt.

Um ihn herum kann keiner sehen,
kann keiner fassen und begreifen;
Er sieht das Seichte vieler Leben
und die Gesamtheit aller Augen!
Ach, dieses Sehen macht ihn blind.

Tausend Menschen zeigten ihn
Facetten einer grossen Einheit,
doch diese war'n schon lange in
ihn selbst, so sah er seine Reinheit,
die er schon längst verlor'n, als Kind.

Verschliesst sich vor all dem Getue,
sucht Ruhe und sucht die heilend' Kraft;
so merkt er nicht, wie er im Strudel
der Einzig' ist, der ohne Macht;
doch sein Spiegel hat in angelacht.

Keiner durfte ihn bezweifeln;
sein Selbstvertrauen stark und edel;
keiner wollte mit ihm streiten
denn er wusst's besser, wie zu Leben.
So seine Wahrheit, so seine Nacht.

Der Blick wird mehr und mehr versteinert
und macht den Kerker seiner Seele;
und keiner merkt es, einfach keiner,
wie's ihn zerreisst und wie's ihn quälet;
wie's in ihm brennend Säure regnet.

So ist der matte See voll Wellen
und zerrt und staucht das starre Bild;
das seinig', mit den tausend Zellen,
es wird zur Waffe, das einstig' Schild
die er nun auf ihn selbst gerichtet.

Das Bild wandelt sich in Narzissen,
die giftig schön in die Welt fliessen;
und wachsen, als die einzig' Schönheit,
die er je sah in all der Zeit.
Vor all' dem Rest war er geflüchtet.

Er wendet ab vom trüben Wasser
und löst sich schämend' seiner Wahrheit;
doch dann wird alles nass und nasser
- in allem findet er sich wieder, die Narrheit!
Doch jedes mal ein Stückchen blasser.

Wer ist nun Sieger, wer ist es nicht?
Wohl niemand jemals war in Sicht?
So ist er beides, Licht und Dunkel,
sein Platz in dieser Welt geht unter:
In seinem Nass ist er ertrunken.

Eistraum

In Ewigkeit und ausgegrenzt
von Zeit und Raum, so treibt der Traum;
wortlos, machtlos und doch kennt
ein jeder ihn, den füllend' Schaum.

Das schäumend Schöne - ganz am Schluss
es lässt mich fallen - Überfluss;
die schäumend' Watte – Kälteschutz,
besänftigender zarter Kuss.

Eingefroren ist die Hoffnung,
erinnert mich an Licht und Wärme.
Will es doch tun, glaube dran:
am Himmelsklang, doch sind's nur kühle Sterne.

Ein jeder in das Schwarze blickt
und redet bunte Bilder rein.
Dort bleiben Sie als Traum. Als Nichts.
So wartet auf das Licht der Keim.

Es bleibt wie's ist - und dass ist Leere.
Wer andres sieht, dem blüht der Geist.
Auch dieser wird einmal bekehrt;
der Traum verfällt in starres Eis.

Und starr so treibt es. Treibt und treibt.
Befreit den Gläubigen, verzeiht dem Blinden.
Für beide kommt einmal die Zeit
für Erblühen, Zerbrechen und Verschwinden.

Einfach so

Diese Zeilen sind für Dich
und machen Licht in Deine Seele.
Einfach so kommt ein Gedicht
als kurzer Schnitt in Deinem Leben.
Nur dass du weisst, es ist die Wärme,
die endlos aus dem Herzen strahlt.
In deinem Lachen funkeln Sterne
und auch ein ewig fruchtend Wald.

Jeden Tag seh' ich von neuem
ein neues Blatt in diesem Buch.
Es schreibt von Dir und Deiner Treue,
und Deiner Liebe, die Du suchst.
Einfach so will ich Dir schreiben,
dass ich Dich lieb hab wie Du bist;
und will mit diesen Worten zeigen,
wie sehr ich Dich grad jetzt vermiss.

Nur das du's weisst, es ist die Liebe,
die selbstlos in Dir drinnen wächst.
Sie zeigt den Weg für alle Ziele,
gibt Dir durch Ihre Wahrheit recht.
Nur dass du's weisst, es ist Dein Wesen,
das meines macht ganz still und liebend.
Dein wärmend' Feuer lässt mich leben,
obwohl wir doch so sehr verschieden.

Zu Deines ist das Tor mir offen,
ich bring genügend Zunder mit,
damit es weiter brennt im Trocken'
und Wärme gibt, für Dich und mich.
Diese Zeilen, einfach so,
sollen ein kleines Lächeln zaubern.
Mein Schatz, ich bin unendlich froh
und lass die Liebe zeitlos dauern.

Liebe

Ich lieb' den Regen und die Flüsse.
Ich lieb' das Wasser sehr.
So regnet es mir tausend Küsse.
Ich fliess im Fluss zu Dir ins Meer.

Ich lieb' die Blätter auf den Bäumen,
wie jeder Zweig das Grün festhält.
Ich lieb' es, wenn die Bäume träumen
und Blatt für Blatt herunter fällt.

Und dieses Fallen sanft und leise,
sieht wie ein endlos' Schweben aus.
Auf magisch unerklärlich' Weise
zerfällt das Fallen im Gebraus'.

Ich lieb die Sonne in der Ferne.
Berühr'n mich ihre Strahlen seiden.
So lieb ich diese milde Wärme,
sie lässt mich gleitend dahin treiben.

Ich lieb' die frischen, klaren Lüfte.
Ich lieb die starren Gipfelwinde.
Und in den Lüften all die Düfte,
all Blumen, Wald und Wasser singen.

Ja, auch lieb ich den stürmisch Regen.
der zurück die Reinheit bringt.
Ich lieb's, in meiner Welt zu leben,
als Teil von stetem Neubeginn.

Der neue Tag

Mit dem ersten Atemzug
an diesem Tag, es tut so gut,
füllen sich die Lungenflügel
mit der Luft, die frische, kühle.
‚Nur Mut!', so spricht zu mir der Morgen.
Die schwüle dicke Luft der Sorgen
wurd' verweht, so über Nacht;
frisch das Leben, wie schön es lacht!

Denn Zeit, so will man sie verstehen,
ist voller Leid und wird vergehen;
wenden all die rauen Winde,
wenn ich die Zeit durft' überwinden.
Seh' ich das Gesamte an,
von Leid gefüllt, der grosse Plan;
stets endet er in Harmonie,
hat stark gemacht, der Weg, das Ziel.

Gelöst seh' ich mit hellem Blick
nach vorne, eingefärbt von Glück,
nichts gesehen, Tag für Tag,
als ich betäubt im Nebel lag.
Und jeder der sich um mich gab,
wurd' Teil von dem beengend Sarg;
und starb und welkte vor sich hin.
Ich fand es wieder, das meinig' Kind.

Ist weggestorben von sich selbst,
bevor das Licht von Neu erhellt
den reinen Kern der trüben Schicht,
die nun gelöst vom Sonnenlicht.
Und konnt' mich in der Tiefe finden,
konnt' aus der reinsten Quelle trinken.
Sie macht mich jung und neu geborn;
es war der erste Atemzug – der mich erkor'n.

Maskenspiel

Glänzend, leuchtend steht er da
und strahlt nach aussen ewig' Stärke.
Der lachend' Mund, die Augen klar,
beschreitet seine edle Fährte;
und doch so scheint er schwach.

Wenn man genauer ihn ansieht,
erkennt – sein Lachen immer gleich;
verfallen in Starre, ein leerer Trieb,
es ist die Maske, die ihn eicht;
und innen drin, da ist es Nacht.

Die Schale, die ihn schützt,
und die ihn leis' in ihm erstickt.
Nichts ist da, das ihn noch nützt,
da er in die Leere blickt;
denn er ist noch nicht aufgewacht.

Unscheinbar, so geht er weiter:
Er rennt und rennt dem Rettend nach.
Und wenn er nicht mehr kann, dann schreit er.
Doch hört niemand, wie die Stille brach.
Der Schrei erstickte leis' im Tag.

Und während diese Maske glänzt,
modert und stinkt es still dahinter.
Dieses modernd' Nass, es tränkt
ihn mehr und mehr, denn davon trinkt er.
Die Maske bleibt nach aussen stark.

Wer will noch sein mit solch ein' Leben?
Es reisst ihn weg von allen Seiten.
Wer will noch so ein Mensch verstehen,
der nur noch Lügen kann verbreiten?
Niemand und das wird ihm klar.

So reisst er sie mit aller Kraft
von sich, die Maske – sein einzig Leben!
Nun merkt er, wie gross ihre Macht,
denn kann er sie kein Stück bewegen.
Er ist bereits mit ihr erstarrt.

Als dann die Maske brüchig wird,
die grosse Wahrheit tritt empor.
Erkennt die Welt, wie elend stirbt,
der Maskenträger, der einsam fror.
Das Maskenspiel wurde zum Sarg.

Die Kraft der Mitte

Leise schleicht das zarte Wesen
um das lockend Feuer.
Egal was auch geschehen mag,
ja, nichts, dem bleibt es treuer.

Von Aussen her, da hörte er
von überall sein' Namen rufen
Tausend Stimmen waren da,
dass er zerreisst in seinem Fluche.

Doch so einfach ist dem nicht,
das Wesen hält sich fest am Licht;
das ewig' warm und leise Feuer,
welches sein innerst Kern erneuert.

„Bleib in meiner Wärme, trinke
jetzt von mir!"
hört es aus dem Feuer klingen,
so hört's das kreisend' Tier.

Unscheinbar hält das laue Licht
und lieblich ihn in seinen Armen.
Der Schall der tausend Stimmen bricht
Am wohl- und heilend' Warmen.

Liebe strömt in jenes Herz,
das kühl die letzten Schläge gibt;
und mit der Liebe auch der Schmerz,
der atmen lässt, doch auch erstickt.

Ja, allmählich kommt die Wärme
bis hinab der tiefsten Wurzeln;
Einstig Einsamkeit in Ferne,
in der das Wesen war vor kurzem.

So bleibt und wartet dieses Leben
in seiner vollen Leidenschaft;
schmerzlich kann es nun verstehen,
warum dies Leben Leiden schafft.

Schmerz, die reichste Art zu sagen,
wie tief man seines Lebens hängt;
und ganz bewusst dieses zu tragen
zeigt einzig, dass man heute lebt.

Selbstlose Liebe

Nun sitzt ihr alle im trauten Kreis
und blickt einander an mit Liebe.
Die Zeit vergeht, ganz still und leis'.
Zum sich erinnern, jetzt ist die Zeit.

Achtzig Jahre blickst Du zurück,
auf ein Leben, mit sehr viel Reichtum.
Wie viele haben dieses Glück?
Wie viele wünschen, sie könnten's gleich tun?

Reich bist Du, an grossem Herz;
ein Herz das so sehr viel kann geben;
und reich, weil Du den Lebensschmerz
so tapfer trägst mit Dir durchs Leben;

und reich, weil Du die Liebe spürst,
so tief und ehrlich, wie kaum ein Mensch;
Du öffnest mit ihr jede Tür,
für Dich und jeden, an den Du denkst.

Reich bist Du, mit der Familie,
auf die Du so sehr stolz kannst sein,
denn jeder gibt Dir ein Stück Liebe,
die Du geboren hast so rein.

Reich bist Du, mit Deinem Glauben
Der dir so viel Kraft gegeben
Das Du immer ins Licht kannst schauen,
egal wie Dunkel auch das Leben.

Reich bist Du, denn Du kannst geben,
ein Schatz an uns, der unbezahlbar.
Es sind die täglichen Gebete,
für jeden, der je in Dein Herz kam.

Und die Gebete haben Kraft,
Für Dich und die, die Du bedacht;
Ich konnte Deinen Willen fühlen,
als leise Stimme in mir spüren.

Es ist so wunderbar, dass ich
ein Teil von Dir darf sein;
und hoff das ich mit dem Gedicht
Dir schick ein wenig Sonnenschein.

Dieser Wille

Dieser Wille, diese Kraft – sie ist so stark
und macht den meinig' Mensch aus mir.
Jede Knospe, jede Blüte – sie verdarb,
doch die tiefe meinig' Wurzel – die bleibt hier.

Dort ist kein Wunsch und Leidenschaft,
nicht Sonne und nicht Luft, das braucht sie..
Sie braucht kein Tag und keine Nacht
Aus dem und in das Ewig taucht sie.

Wie schwach will mir das schnell Begehren
sagen, wer und was ich bin.
Doch der starke Wille, der meinig' Lehrer,
führt mich vollends zum Lebenssinn.

Mein grösster Wunsch, es ist zu finden,
den Weg der meines Lebens ist;
der Weg, welch führt mich zur Bestimmung,
durch steinig Welten er sich frisst.

Und jedes Mal, wenn ich verzichte
und die Versuchung ich vernichte,
bin ich gelaufen einen Schritt
auf meinig' Weg, dem Lebensglück.

Und jedes Mal, wenn ich dann sehe,
wie arm so viele Menschen sind;
Die sich beugen und die am flehen
für kurzes Glück – wie sind sie blind.

Und jedes Mal, wenn ich mich fühle
und wie der Wille in mir wächst;
wenn nicht brauche diese Hülle,
die mich vor Geist und Welt versteckt;

dann weiss ich, was heisst wirklich Leben,
und weiss was wirklich Liebe heisst;
kann mich spüren und kann mich sehen,
egal wie stark das Dunkle reisst.

Dann weiss ich, was heisst Zuversicht,
und das ich alles schaffen kann,
und gebe mir ein endlos' Licht,
und bin der Mensch, der lachen kann.

Dieser Wille, dieses Leid – es ist so schön;
dieses Leben, ja, das meine.
So edel, denn es ist mein Weg – den ich geh.
Und tief im Herzen, fühl ich das Reine.

Loslassen und Liebe

Liebe ist nicht mein. Und auch nicht Dein.
Sie ist nicht Hoffnung. Und auch nicht Leid.
Auch der Sonnenschein, er ist nicht Liebe.
Nein, für jedes Wort ist sie zu rein.

Liebe ist nicht Sehnsucht – und keine Frucht;
nicht süss, nicht bitter.
Und auch die Fülle, die ich such;
Nein. Zu bescheiden ist die Liebe, das samte Tuch.

Liebe fühlt man nicht, kann sie nicht sehen;
keine Schönheit ist sie, in meinem Leben;
Liebe kann man nicht verstehen,
und auch nicht denken, oder sich nehmen.

Liebe tritt hervor, im Abschied und im Gehen
Sie liegt darin, sich dem zu lösen,
was gross und wichtig erscheint, im Leben;
all das Geliebte los zu lassen; es hinzunehmen.

Wenn all verlor'n, im ewig Fallen. Das endlos' Fallen.
Und kein Versuch, kein Halt, kein Klammern,
dem Leben schenk und meinen Flammen,
dann zeigt sie sich, als Hell im Dunkeln, Warm im Kalten.

Liebe ist der Welt sich lösen, und aller Träume die noch sind;
und all die Menschen, die ich lieb, ich muss verstehen,
lass sie fliessen ihrem Strom – und lass sie gehen.
Denn Liebe ist grösser, als all verliebt Sein, das ich find.

Viel mehr, als das Gefühl zu lieben, und erfüllt, erfüllt in diesem,
ist wahre Liebe, die nicht begehrt, nicht wollend dass sie geht;
Loslassen, das ist Liebe, ich lass sie fliegen.
Nur dann hab' ich ein Stück geliebt, und sie erlebt.

Die Augen klar , der Wille stark

Die Augen klar, der Wille stark,
mit beiden Füssen auf der Erde;
so stehst du heute vor mir da,
stehst heut ganz vorne von der Herde.

Der Geist ist rein, die Sehnsucht gross,
so scheinst du mir in der Gestalt;
es ist der Schein und nun dein Los,
so Jung, doch ist die Seele alt.

All die Wünsche und dein Leiden
versteckst du clever hinter dir;
dort fällst und fällst du still im Schreien,
doch niemand hört's, niemand ist hier.

All die Kraft die dir gegeben,
benutzt du nur um stark zu sein.
Kannst du dich denn noch selber sehen,
bevor dein Herz wird hart wie Stein?

Und trotzdem gehst du Tag um Tag
den Weg, der dir das Leben gab.
Schritt um Schritt gebar und starb
die Sehnsucht, die tief in dir lag

Stilles Lüftchen

Still! Kannst Du sie fühln' auf Deiner Haut?
Mild und sanft ein Lüftchen. Stille Briese.
Atme sie. Atme das Düftchen, das wie ein Hauch
Dir bringt die Reste einer Welt von saftig Wiesen,
volle Blüten, tiefe Fluten – bleib still und es wird laut.

Atme die Essenz des Lebens, die unscheinbar schleicht
in sanfte Winde. Sie streift vergebens über Welten,
doch keiner sieht sie, keiner fühlt das grosse Reich.
Und doch füllt sie uns aller Lunge: Füllt sie mit Kälte
und mit Wärme von dem was war, unendlich leicht.

Nicht da, und dennoch gegenwärtig, diese Kraft.
Sichtbar nicht mit Aug' und Ohr, die seichtes sehn,
Nein. Von tiefster Sinne. Real und so zart, wie erdacht.
In jedem Wind, der mild die Wange streift, kann ich versteh'n,
dass nichts in keiner Welt bleibt immer Nacht.

Bleib. Atme ein! Atme die Seele von fliehenden Zeiten.
Sie waren gross und schwer; wie schnell ist all verschwindend klein.
Atme es, das Licht, das bleibt – es wird Dich leiten.
Es ist das all vereinend aller Welten und ist unendlich rein.
Bleib, und lass die Deinig' Seele mit dem sanften Lüftchen gleiten.

Liebes Leben

Danke, dass Du mir gelehrt hast,
wie wundersam Du stets begleitest;
und alles, das mit dir entstanden,
jede Tugend, jede Last ,
Du liebst und sie beschenkst,
und die Welt mit mir durchleidest.

Danke, dass Du mir gezeigt wie
jede Kraft und jeder Wunsch, unendlich stark,
Du in Deinem Bauch gebor'n,
von Dir geliebt,
und Du auch nimmst, wie nie gewesen,
das Treiben starb.

Danke, dass ich heut' darf lernen,
wie du zerfällst und fällst und fällst.
Und nur das Fallen lässt dich erwachen,
nur das Sterben,
das Du sanft und liebvoll
in deinen Händen hältst.

Danke, dass ich diese Ehrfurcht, die Du schenkst,
das Deinig wundersame Leid,
mich fassen lässt,
in Deinig leerem Krug – und lenkst
den Strom von all Entstehend' dort hinein
und mich befreist.

Danke, dass ich sehen darf,
wie all' Liebenswertes, ja, all Liebe läst geboren,
im Wissen, dass sie gehen wird und muss,
 all' was gebar,
in Dir auch geht und stirbt,
auf ewig' verloren.

Danke für das Wunder, dass ich es sah,
und wenn es nur ein Hauch, ein Augenschlag,
für ein folgend' langsam Sterben und verlieren,
in das es lag,
und lässt das Deinig Leiden,
das macht Dich stark.

Liebes Leben, schnell nimmst Du all' Kraft dem Kind,
das du gebor'n,
und nimmst all' Glanz und Zuversicht.
Siehst zu, wie es haltlos aus den Deinig' Händen rinnt;
lässt vergeh'n was ewig schien,
bis es dem nie Gewesen glich.

Danke, ach du grosses Leben.
Erfüllung ist der Augenschlag, der ohne Fülle
sich selbst entrinnt,
in tausend Tropfen fällt, ertrinkt im Regen,
der eig'nen Sehnsucht und lässt
Dein grosses Herz enthüllen.

Danke, für die reissend' Sehnsucht
und das ich diese darf ertragen. Du lässt mich Leiden,
lässt mich leben und begreifen,
wie Rosenduft,
unhaltbar es sich leis' verliert.
Schönes darf nicht bleiben.

Danke, dass Du mir alles nimmst,
was mich erfüllte und was mir lieb' tut;
nur so weiss ich das Du beginnst,
das Deinig Du von neuem bringst.
Danke, liebes Leben,
das Du mich trägst in Deiner Flut .

Einsame Augen

Deine Augen sprechen eine Sprache,
unendlich ist sie mir vertraut;
unendlich warm wird sie getragen,
als wär sie Musik von sanfter Harfe,
als hätten wir auf alte Leben aufgebaut,
schon viele Male wir uns sahen.

In deinen Augen seh' ich Sehnsucht,
die tief, so tief mein Herz berührt.
Mit einer Kraft und einer Grösse,
so unsichtbar, wie Rosenduft,
der schwer, unfehlbar mich verführt;
wie schwer, dass ich mich löse .

In deinen Augen seh' ich Wahrheit,
vereint die Ehrlichkeit des Lebens.
Von aller Welten und von Dir:
Es strömt unschöpfbar eine Klarheit,
Die ich all Zeiten sucht' vergebens.
Und nun: In deinem Blick scheint alles hier.

In deinen Augen seh' ich Leben,
so voll und klar gefüllt mit diesem.
Durst nach allem dieser Welt;
die Augen wollen alles sehen!
Und alles wollen sie auch lieben,
was uns an Ort und Stelle hält.

Doch auch sind diese Augen traurig.
Sie sehn mich an wie funkelnd' Sterne,
die eingehüllt von schwarzer Nacht;
nehmen wahr die Angst so schaurig,
mit Einsamkeit, verlorn in Ferne,
in der dein Geist zusammenbrach.

Und auch seh ich ein endlos Fallen
in deinem so vollkommen Blick;
und niemand, der dich könnt' verstehen
und könnt' das Fallende aufhalten,
damit das Fliegen endlich glückt,
in das so nah' und ferne Leben.

In deinen Augen gibt es Liebe,
die so sehr rein und ehrlich ist.
Und diese Liebe, die heisst Leiden,
von dem ein weinend' Herz geblieben,
an dem das Leben haltlos riss.
Und niemand, niemand hört es weinen.

In deinen Augen seh' ich Menschsein,
seh' soviel Mut und Lebenswille;
und dieses Menschsein muss nun mal Leiden,
damit es reifen kann vom Keim;
und dieses Leid ist in der Stille
als glänzend sanfter Augenschein.

Alles fassend' Seele

Schwaches Schild der schwachen Seele;
alles dringt hinein – ob grob, ob klein –
das schwache Stück zerbricht.
Ja. Ich kann ihn hörn', tief in der Brust, ein goldner Regen,
der zu mir spricht, es ist das Leben,
und zeichnet Tiefen ins Gesicht.

So zart, so ewig zart das Leben.
Jeder Tropfen schwer wie Blei
  und dennoch nass und weich.
Einst berührt ist er zu tragen, er löst sich im Verstehen;
alle Tropfen, flutend Regen,
werden Fluss der mich zerreisst.

Klar, unendlich klar der Wille,
der tief hinter dem Chaos steht,
sucht zu schützen und zu kämpfen,
was zart im Leben;
sucht die Stille.
Muss die seinig' führend' Fäden trennen.

Klar und schmerzhaft kann es sehen,
  das weinend Aug',
was ich mir ausgesucht. Welch Weg! Welch Streben!
Ewig Treue meiner Liebe,
egal welch Sturm, egal wie laut!
So zart, die Öffnung, steht dennoch aller Strom entgegen.

Aller Wunsch und Leidenschaft darf ich erkennen,
bei jedem Menschen,
sobald nur einst sein Blick berührt;
doch ist's soviel, die ganze Welt, die Flut nicht endend,
dass kein Wort verloren wird';
  als würd ich gar nichts spürn'.

Tiefste Wurzeln eines Wesens,
das meinig, fasst die Welt in sich
und streckt sich nach Streben,
 sucht die flüchtend' Wärme,
das schwache Schild zerfällt in Stücke, das tiefste Mein zerbricht.
Dank dem Brechen und der Lücke: sehe das Ewig aus der Ferne.

Alles reisst, was gross und wichtig.
Nichts bleibt fern,
es will gefasst sein meiner Öffnung.
Und nichts, kein Staubkorn dieser Welt ist nichtig.
Alles ist des Lebensteil
und meines Wesens Hoffnung.

Liebend' Streben meines Eigen,
alles muss ich lieben!
All, was zeigt mir Sein und Wahrheit.
Ob Busch und Stein, doch auch das reissend' Leiden
kann ich nur lieben,
als Teil vom Ganzen, als Stück der Klarheit.

Tausend Farben sind mir offen, und ihre Tiefen, ihre Muster;
darf die Fülle nicht nur sehen,
riech den Duft und kann sie schmecken
und auch fühlen und spür'n. Ja. Grosses Bewusstsein,
Deine Fülle kann mich führ'n,
alles Licht und alle Flecken.

Ich lass die Tropfen golden Regen.
Will alles fassen ,
will das meinig sein, das Becken.
Und wenn ich leb', so will ich alles Leben leben.
Keine Farbe und kein Tropfen der Vollkommenheit
will ich verdecken.

Wenn diese Wahrheit lässt mich Leiden, sogar sterben,
so sterbe ich dem Leiden, und leid' dem Leben treu;
so hat' ich alles, was zu fassen
  bestimmt das meinig Werden,
bis Vollkomm'nes ist gereift,
bis der Kreis beginnt von neu.

Schwaches, lichtes Schild. Alles wird sichtbar!
Das Schild, aller Sicht versperrend;
  ja, alles tun und haben,
all' der Schutz der schwachen Seele, er ist nicht da.
All' die grosse Macht, die unbekannte aller Leben,
muss sie alleine tragen.

Zart, unendlich zart mein Leben,
das mir kaum Luft zum atmen lässt,
und für Gedanken;
zart, so wunderbar sie wächst,
wird nicht vergehen,
diese Seele. Sie will erfahren, sie will heilen, und Leben tanken.

Schattenwelten

Leis' tritt heran das Unsichtbar.
Schritt um Schritt löst sich dem Dunkel.
Dem Dunkel weicht' ein Hauch, ein kühler.
Schattenwelten zeigen sich.
Euphorische Gedanken schwinden,
von aller Sonnenwärme trunken
Mit letzter Kraft so ruft das Licht:
"Die wahren Welten bleiben nicht!"

Das, was zeigt Beständigkeit,
wie fest gebrannt in den Gedanken
Ist nicht flüchtig, viel zu starr,
ist diese Wand der Illusion.
Und schon dringt Schatten aller Nischen,
bringt Welt und Geist ins Schwanken.
Auf ewig süchtig, sich selbst vernichtend!
Der Schatten lässt kein Blatt verschont.

Und wenn dann nur um zu erkennen,
wie mächtig all' unscheinbar Schwarz.
Das arme Wesen, stets lässt blenden,
von blinder Wut getrieben;
Und irrt durch rätselhafte Gänge,
zerfallend zeigt es sich so stark;
Erkennt sich selber, wie ein Fremder,
von tief heraus sieht er die Lügen.

So schluckt das Dunkle all' Gedeihen,
oftmals das Nichtig ohne Kern.
Das Luftschloss und sein schimmernd' Glanz,
ewig schien es ihn zu geben.
Das tief Versunken dunkle Leiden
war weggedacht unsagbar fern.
Dennoch stets im klingend' Tanz,
in mir der Schattenwelt erlegen.

Das verschlossene Tor

Was macht den deinig Mensch aus dir?
Ich konnt' dich sehn!
Es war ein kleines Fenster,
dort strahlte Licht und Leben raus.
Das Fenster, es war eben hier,
 wo nur noch tausend Scherben stehn.
Licht und Leben wichen,
zu Stein wurd' das einstig' Blumenhaus.

Wo ist das flutend warme Licht?
Und wo der fallend' Engel?
Woher der Hass und all' der Trauer,
wo eben noch die Sonne strahlte?
Ewig' da − und nun zerbricht.
Ja! Auch Ewiges wird enden.
Begriff ich niemals wer du warst,
so wie mein Gefühl dich malte.

Was macht den deinig kühlen Menschen,
wo einst ein weiches Herz?
Das Tor hat sich geschlossen,
zu einer lichten Seelenwelt;
das mir so ähnlich ist verfremdend;
kein Glück erkenn ich und kein Schmerz.
Ich hat' die Zeit genossen,
bis sie nun in sich zerfällt.

So glaub ich nun der wahren Liebe,
doch nicht der ewig bleibenden.
Denn Ewigkeit füllt den Moment,
der schnell verweht,
und all das, was noch übrig,
ist von der Wahrheit Scheidendes,
ist der Gedanke, noch so fremd,
an dem was war, an dem was geht.

Fallen

Fallend durch den Raum, den leeren.
Stumm füll' ich den einstig Traum,
mit Gedanken, die sich still vermehren
und meine kleine Welt aufbau'n.

So füllt sie sich mit Farben, Düfte,
mit Tieren, Pflanzen, all in Scharen!
Ja, das Leben, die Essenz verflüchtet
sich, kann sich selbst nicht mehr tragen.

Schwerelos so ist das Fallen. Flügel
würden all' das Fallen halten.
Von oben sehen Schlucht und Hügel
so eben aus, dem Traum verfallen.

Schwebend wenn an Höh verloren. Frei
solang dem Fall erkoren.
Doch schnell wird dieser Sturz wie Blei;
im Traum kann ich die Engel hören.

Und wenn das Eben meines Bild, dem Traum,
zur Schlucht und Hügel wird,
ist der ach so sanfte, leere Raum,
ja doch kein Traum. Es ist die Welt.

Keiner hält das Fallen auf. Kein Gedanke.
Und auch die Flügel, nur ein Hauch
von Traumgedanken, sanft zu landen;
die gibt es nicht, warn nie gebraucht.

Und nun, der Traum, er ist zerschlagen. „Vorbei,
zu spät!", will man sich sagen.
So schlägt er auf mit letztem Schrei.
Das Fallen hat ihn nur kurz getragen.

Die Augen haben Nachtschicht

Die Augen leuchten voll von Wunsch
und Sehnsucht nach der freien Ferne;
alles fühl ich, alles seh ich; und doch so dumpf
erdrückt die Brust den guten Kern.

Die Augen weinen voll von Liebe;
jedem will ich diese geben.
Doch hat der Fluss der Welt entschieden,
dass nichts von dem fliesst in das Leben

Die Augen lachen voll von Reinheit,
die mich umgibt, das meinig Schild;
und kämpfe, dass mich das befreit,
was mich gefangen hält und füllt.

Die Augen sehen durch die Welt,
die dünn und wage liegt im Schein.
Ich seh dahinter, wie alles fällt;
die meinig Flügel sind zu klein.

So falle ich für meine Wahrheit,
die tief in meinem Herz entspringt;
doch erst die Tiefe gibt mir Klarheit,
die so viel Leiden mit sich bringt.

Die Augen spüren soviel Seelen,
die hinter wage Masken liegen.
So vieles in mir will ich geben,
doch wie mit viel zu kleinen Flügeln?

Die Augen haben viel gesehn,
viel Leid und Freud und Labyrinthe;
und doch voll Durst nach mehr vom Leben
als wär ich noch das suchend Kinde.

Mein Herz zerbricht in einer Welt
in der keiner zu fühlen wagt;
und auch die Seele die zerfällt
genug der Nacht, wo ist der Tag?

Der Brunnen meiner ewig Kraft,
die meine Augen leuchtend zeigen;
mir endlos Energie gebracht,
damit ich dieser Welt kann bleiben.

Die Augen sehen Gott und Böses,
untragbar für der Menschen Sinne.
des Angesichts will ich mich lösen,
ja, alles regt sich in mir drinnen!

Mit Dankbarkeit der offnen Seele,
die mich so vieles fassen lässt!
Und wenn's mich jeden Tag auch quälet;
dies ist der meinig Lebenstest.

Gläsern

Ach ! Wie gläsern ist sie mir,
die ewig weilende Natur.
Jeder Baum erzählt Geschichten
aus Asche einer toten Welt.
Und jeder Falter, jedes Tier,
in seinen Augen seh ich nur,
erzählen sie vom Schön' und Schlichten
und wie zu Staub alles zerfällt.

Ach! Wie gläsern fliesst der Fluss,
der immer da und ständig neu!
Jedes plätschern sagt die Wahrheit
von dem was war im Jetzt vereint;
und jeder Stein in dem Entschluss,
dem Ufer liegend ewig treu;
umhüllt war es vom Maskenkleid,
doch auch das Kalt' und Tote weint.

Ach! Wie gläsern mir die Welt,
seh Tiefen der Beständigkeit.
Auch der Himmel und die Sterne
füllen sich hinter dem Schein;
und jedes Blatt, die Frage stellt:
Bin auch ich ein Teil Unendlichkeit?
Alles zeugt mir von der Wärme,
bis sie sind Erde - und sich befrei'n.

Ach! Wie gläsern mir der Mensch,
so viel mehr als all die Weite.
In jedem Wort und jedem Blick
erkenne ich die suchend Seele;
wie gläsern wenn sie fühlt und denkt
und sich im mächtig Strom lässt leiten.
Wie arm wenn sie nicht wächst, kein Stück
und jedes mal ihr Ziel verfehlet.

Ach! Wie gläsern alles mir,
und reisst und flutet diesen Geist,
den ich versuch so sehr zu schützen,
denn tapfer trägt er all die Tiefen.
Lass die meinig Öffnung hier,
durch welch die Menschheit zu mir reist.
Gläsern fluten tausenden Ergüsse,
all die Welten, die in mich fliessen.

Wach auf

Sieh! Die Zeichen! Überall kannst Du sie sehn!
Verborgen, doch sind sie immer da.
Schlafend geht der Mensch den Weg;
wie ist die Welt dem Blinden rar.
Erwach! Und öffne deine Augen.
Die Traumwelt ist ein Teil des Lebens;
du warst nie wach, doch in dem Glauben.
Wie willst du so die Zeichen sehen?

Du suchst und suchst in jedem Land;
und suchst erfolglos in den Menschen!
Überall bist du am suchen – und dein Verstand
sieht nichts; Zuviel ist er den Traum am Denken.
Die neuen Augen zu erwerben;
die wachen, die die Zeichen sehn;
lass sie los, die Illusion, lass sie sterben,
um in die wahre Welt zu gehn.

Alles da, nur einen Schritt weg!
Du siehst hindurch im träumend Blick.
Nichts von all dem du entdeckst,
was dir will zeigen all dein Glück.
Sieh! Die Zeichen! Hier und da!
Wie sie den wachen Menschen führen.
Der Glanz im Aug', das ist der Tag,
wenn wir die echte Welt berühren!

Verborgen ist nichts dem Erwachten!
Liebe strömt durch aller Welt.
Du musst es sehen, nicht nur betrachten,
damit die Seele nicht mehr fällt.
Wundersam, wie alles Leben
dich am rufen, dich am leiten;
wenn du erwacht bist aus dem Streben.
Das ist die Tugend des Befreiten.

Kurz davor

Lass los, lass endlich los!
Und lass den Blick die Ferne schweifen.
Dein Herz, dein Geist ist alt und gross
und wird noch wachsen, du musst gleiten.

So alt, so tief, so endlos hell!
Wo kommt sie her, all diese Kraft?
Lass sie strömen in die Welt,
denn diese hat dich angelacht.

Bist du bereit, bist du so weit,
um in das ewig Licht zu gehn'?
Was fehlt dir noch, was bleibt an Zeit,
um endlich alles zu verstehn'.

Bist kurz davor, ganz kurz davor!
Und doch sind Steine noch im Weg.
Von Kopf bis Fuss alles es fror;
bleib wach, dann ist es nicht zu spät.

Und kurz bevor das Ende naht;
das ist die dunkelste der Stunden,
dann kommt die Sonne mit dem Tag
und alles Leid ist überwunden.

Der ewig Kreislauf bist gegangen,
des Leidens, alles hinter dir!
Vergiss nie, was du überstanden!
In dir ist alles, Baum und Tier.

Hole noch einmal tief Luft,
es ist der edelste all deiner Atem.
Das Helle dieser Welt dich ruft,
dann wird dir aller Sinn verraten.

Herbst

Es war ein Schritt nur, den ich tat,
auf lauem blattbefall'nen Boden;
und auch ein Blick nur, ich gewagt,
den golden-rot und grünen Kronen.

Der Wind, ein Hauch nur, den ich fühlte,
am feuchtem dichtbewachs'nen Rande.
Die reifen Blätter, er verführte,
und liess sie in dem Hauche tanzen.

Es war ein Schlag nur, meines Herzens,
ich wünscht' die fallend Welt zu halten.
Sie hält in ihrer Hand all Schmerzen
und war der Dekadenz verfallen.

Es war ein Kuss nur, den ich gab,
so sanft und zart er Dich berührte,
an dem das Alt dem Neu erlag
und ich im tiefsten Sein ihn spürte.

Es war der Schmerz nur, den ich sah,
wenn meine Deinig Augen sehen;
wie Du fällst, es wird mir klar,
dass im Fallen liegt das Leben.

Es war nur Sehnsucht, die mich trieb,
sucht das Geborgen einer Welt.
in der ich mich so sehr verliebt';
doch still im Herbste sie zerfällt.

Es war die Liebe, all die Kraft,
die mich stark macht, und voller Ehrfurcht,
sie von innen heraus lacht!
Ein Glück, dass ich dies fühlen durft'.

Es war das Licht nur, meiner Sonne,
die das Dunkel nun erhellte.
Ich sah im Lichte all das Fromme,
dass im Schwarz sich so verstellte.

Es war ein Blatt nur, sank zu Boden.
Oh mit dem Sinken sank mein Geiste;
und dennoch ward es sanft gewogen;
Es war nun Herbst auf meiner Reise.

Gipfelstille

Kannst du es hören? Das in völlig' Stille.
Ganz oben, dem mächtig Berg.
Es ist die Stimme und ihr Wille,
die das Leben verehrt.

Kannst du es spüren? Das mächtig Brummen.
Wie die Erde es von sich gibt.
Es ist der Schatz, der tief versunken,
aller Wahrnehmung zugrunde liegt.

Kannst du erkennen, wie die Rückkehr
in das Reine beginnt?
Und das Eine, ja das schützt er,
es ist des mächtig Berges Kind.

Kannst du es fühlen? Wie ergreifend
es dich nimmt, an seine Brust,
und dich trägt , über Wolken schweifend,
es Teil von dir werden muss.

Kannst du sie sehen? Klar und nüchtern
das Göttlich, aller Mutter im Besitze.
Oh all das Leben, ein leises Flüstern,
das weit oben, des Berges spitze.

Ja, es ist das Du.

Ja! Die Welt hat dich erkoren, und wahrlich,
hat sie dich wieder. Ja, von neuem dich entdeckt.
Nein! Du warst noch nie verloren, beharrlich
sah es auf dich nieder, hat sich versteckt.

Durfte nicht das deinig stützen, lief im Schatten
nebenher, damit alleine du am wachsen.
Die Weisen, die die Macht sich nützen, die Demut hatten,
die niemals das Nichtgreifbar hassen.

Wir gehen nach dem Sturm auf Weiden, saftig grün,
in ihrer Art voll farbig' Blüten.
Ja. Du darfst den Geist befreien, das Ungetüm,
so war all' Undurchdringlich wohl behütet.

Ja! Nun zeigt sich eine Kraft. War immer du!
Zurückgekehrt mit deinen Augen, aufgewacht.
Die innerd' deiner Welt von Nacht, die wie ein Fluch
sie dich geleert und ausgesogen, alles nur von dir erdacht!

Die grosse Hand im Unsichtbar, sie hält dich sanft.
Wenn du dich ihrer anerkennst, die immer da,
dich immer tankt, du blinder Narr mit deiner Wand;
wo keine ist, wenn du sie denkst und auf sie starrst.

Ja! Es ist das deinig Du, nicht weggedacht!
Nicht dem Schein verfallen, des Seines Fluch.
Das Finden, welch' du suchst, ist nur die Kraft
des immer da, des Alten, nach der Gedankenschlucht.

Höchster Zugang aller Welten

Siehst du ihn, den feinen Staub? Er fliesst im Fluss,
durch viele Welten – und gibt und raubt dir neue Seelen;
er tränkt dich, ist er dir bewusst? Bist du bereit zu sehen?
Allgegenwärtig jedem selten, doch du wirst ihn verstehen.

Hörst du es, das tiefe Summen? Der Ton der Stille,
von allen Seiten im Verstummen deiner Stimmen.
Er spricht im Nichts der Wille, still sind deine Sinne,
im Gleiten fremder Welten, wenn dein Geist hält inne.

Riechst du ihn, den milden Schleier? Essenz von allem,
all vereinend, löst sich der Neider, dein Begreifen.
Lass ihn Fallen, er kann sich nicht dem Licht angleichen,
die deinig Flüsse, alle weinend, die all unmögliches erreichen.

Spürst du sie, die grosse Hand? Sie führt in alle Schichten,
durch alles Sein, zerstört die Wand, die aller Wesens Grenzen setzt.
Die Hand des Lichten, so rein das Netz,
das alles dir gesandt und tausend Seelen in dich steckt.

Mit allem Ein bist ausgedehnt auf nie bestanden Energien.
Füllst und gibst das tief ersehnt, dem Leugnen müde,
und müde dem entfliehn; erkennst die seichte Lüge.
Darfst aus dem Kreise gehen, mit all folgend' Atemzüge.

Grenzenlos

Grenzenlos so ist mein Glaube,
mein Glaube an die Welt.
So zart ich meinem Blick vertraue,
zu mir vom Leben er erzählt.

Grenzenlos ist auch mein Wille,
der ungebrochen glänzt im Aug'.
Doch sagt er ohne Wort in Stille:
„Das Leben hat mich ausgesaugt."

Grenzenlos ist meine Sehnsucht,
die stärker als Erfüllung ist.
Zu mir versperrt mir stets die Schlucht
das Tor hinter man mich vergisst.

Grenzenlos ist meine Liebe,
sie strahlt im Leuchten meiner Wärme
und zeigt mir meinen Frieden;
vollkommen, wie das Licht der Sterne.

Schnell zerfallen ist das Ewig,
das grenzenlos das Meinig zeigt.
Schnell ist dieses Leben fähig,
mir das zu nehmen, was mich befreit.

Kurz ist dieses Wunderbare,
Einzigartige Teil gewesen.
Es ist mein Leben, die kurzen Jahre,
bis ich mit Weisheit wieder gehe.

Nur Mut – ihr Sonderbaren eures Gleichen

In uns liegt eine tiefe Kraft – unausschöpfbar, unentrinnbar!
Vielen ist sie nicht gegeben; sie lieben dieses blinde Leben.
Wo sie entspringt ist`s kalt, ist´s Nacht – unauffindbar
ist oft der Segen, das ist der Preis des Pfads wir gehen.

In uns dort ist die ganze Wahrheit – unwegdenklich und unendlich!
Wir sehn nicht die Illusion, die vielen von der Nacht verschont.
Auch wenn es schmerzt, das ist die Klarheit, sie macht kränklich.
Das Leiden bringt uns auch den Lohn, es macht uns menschlich.

Es sind nicht viele unser Augen, Augen die das Leben sehn.
Die all´ die Tiefen sich erfassen – sich dafür hassen!
Wir wissen, was viele nicht glauben, aus Angst sich zu verstehn.
Zart verletzlich will es wachsen und den lüstern Duft verwehn.

In uns dort ist viel Lebenshunger – all der Reichtum in dem Regen!
Und dennoch resignieren wir, erstickt uns all jenes Gewirr.
Als Pionier gehen wir unter, sinken leis´ als wache Seelen,
doch heute steht das Unser hier und saugt in sich das liebe Leben.

Gelassenheit, das wünsch ich uns - unerreichbar, unantastbar!
Für alles, was nicht änderbar, es hinzunehmen, lieben lernen,
ohne unser brennend Wunsch, es biegen wie's in uns gebar;
so schütze uns die Engelsschar, die wir erhoffen in den Sternen.

Nur Mut, das wünsch ich uns der Dinge - der tausend Dinge,
die wir vermögen zu verändern, dass wir's tun,
und das die grosse tiefe Kraft von Innen, sie wir finden;
Wir niemals dieser Macht verfremden und ratlos ruhn'.

Und Weisheit wünsch ich uns vor allem – unvergänglich!
Das wir das Änderbar erkennen, sowie jenes Schicksal.
Das uns der Unterschied auffalle – die Wende endlich,
und unser Feingefühl verwenden, für tiefes Glück anstatt der Qual.

Jeder einzeln geht dem Weg, vorherbestimmt, von sich erbaut.
In uns dort sind all jene Augen, die wahre Reisen uns erlauben.
Ich wünsche jedem dass er strebt, und seinig Leben er vertraut,
und keinem, dass er schafft die Klauen, aufsaugend und zerkauend.

In uns dort liegt der ewig Frieden, auf Meeresgrund verborgen.
Viel tiefer als die reissend Fluten – brechend, stauchend, wütend!
Zu Grunde all dem Schmerz ist Liebe, ungebrochen trotz der Sorgen.
Wir halten uns am Kern, den guten und öffnen unsre wahren Blüten.

Vollmond (Entkommen des Eisenofens)

Es fängt an ganz still und leise,
ruft dich, lechzend seine Stimme.
So beginnt die grosse Reise,
wenn sich Welt und Geist verbinden.
Alles, alles was noch war
wird ganz seltsam, wird zu Klauen.
Ihm gelingt es offenbar
an dich zu zerr'n an dir zu saugen.

Noch die Wolken er durchdringt,
wie eine matte Kugel die dich sucht.
Hörst du wie es ruft, das Kind,
das aus dir schreit: „Das ist der Fluch!"
Plötzlich reisst sie auf die Brust,
damit es raus kann um zu leben!
So gab der Mond den ersten Kuss,
die Erde begann in sich zu beben.

Explosiv, so zeigt er sich,
das Leuchten schlug auf alles nieder.
Mit wütend' lechzendem Gesicht
sang er seine Tantra-Lieder.
Silbern, mystisch all die Schatten,
die dich als einstig Welt umgaben;
durchdringen, was sie niemals hatten
und lassen dich zurück mit Narben.

So zeigt sich mit dem grossen Geiste,
Totes türmt sich wieder auf!
Das Kind, es lebt und wird zum Meister
und nimmt den Untergang in Kauf.
Alles liegt dem Ein zugrunde,
das mit diesem Kind verschmilzt.
Es reisst in deinem Hals die Wunde,
damit es seinen Hunger stillt.

Jetzt fühlst du es in dir Pochen,
das Herz zerplatzt vor Energie!
Das Blut ist leer, der Hals ist Trocken,
doch regt's sich in dir wie noch nie!
Eben war die Welt noch blass
und floh hinweg von deinem Auge.
Mächtig zeigt sie nun den Hass,
erdrückt dich fast mit seiner Klaue.

Der Mond schickt dir die Kraft der Berge,
des Meeres und der reissend Flüsse!
Du hast die ganze Kraft der Erde,
als wären in dir stets Ergüsse!
Bist nun geborn zum zweiten Male,
doch nicht als willenloses Stück;
als Herrscher über Tausend Grale,
und nichts ist da, dass dich erdrückt!

Er ruft dich laut vom Himmel her
und u begrüsst ihn mit dem Schrei,
der alldurchdringend und so schwer:
„Ich hab die Macht und ich bin frei!"
Vollmondnacht, die Augen glühn
und fliegen über Berg und Tal.
Das Kind, das dunkle Ungetüm,
das dir die geistig Unschuld stahl,

ist übermächtig, kann noch Wünschen
und wird bekommen was es will.
Es lässt die Schale schnell verdünsten;
sie war dein Wesen, dein Profil.
Plötzlich wird die Welt zu Licht!
Auch deine Kraft ist Teil von allem;
und jeder Baum trägt dein Gesicht,
kannst alles wie du willst gestalten!

Die inner Welt dreht sich nach aussen,

sie wird zur Bühne deiner Kräfte!
Mit hellem Ohr, so wirst du lauschen,
wie ungeheuer deine Mächte.
Endlich sperrt der lichte Ball
am Himmel auf die dicken Türen.
Herausgestürmt mit einem Knall
kommt schwarzer Wind und lässt dich frieren!

Lauf nicht weg dem Teil von Dir,
den Du all Gegenwart verdrängst!
In jedem schlummert der Vampir,
der schneller kommt als du es denkst.
Lass die dunklen aller Ströme
durch den zerrissen Körper fliessen
und höre auf die tiefen Töne,
die dich von deinem Throne stiessen!

Verleugne nie die deinig Seiten,
auch wenn sie kühl und unsichtbar!
Denn in dir können sie zerreissen,
was eben schien so wunderbar.
So wird der Vollmond bald bedeckt
und Sonnenlicht flutet die Erde.
Das lechzend Kind ist plötzlich weg
doch kann es niemals in dir sterben.
Es legt sich nieder im Gemach,
in dem beschattend Ort der Ängste,
und wartet auf die nächste Nacht,
in der dein lichtes Sein verfremdet.

Der Pfau auf dem Gipfel (Der Weg des Narzissten)

Wie ist es auf dem Gipfel stehend,
ganz oben wie von Adel?
Dort oben stand der Pfau und wusste:
Der Weg war steil von Tadel.

Wie gern wurd' er so reich gesehen,
so reich und bunt an Farben;
so sicher war die harte Kruste,
sie war geprägt von Narben.

Lang erstrebt, der Blick nach oben
von jedem der ihn suchte;
genoss der Pfau den Blick zur Welt,
die er so sehr verfluchte.

Doch wie ist's der Natur gelogen,
ein Pfau hoch in den Bergen?
Alle wussten, dass er fällt,
sein Ziel war sein Verderben.

Wie ist es nun, am Gipfel sitzend,
dem Leben so entfloh'n?
Und niemand, den es gibt daneben;
allein hat er den Thron.

Einzigartig und gerissen,
liess niemanden verschont,
der ihn nur als den Pfau wollt sehen,
der einen Berg bewohnt.

Er hörte das Gelächter nicht,
für ihn war es Applaus!
Denn niemand konnt' den Pfau erreichen
in seinem Königshaus.

Er trank das Gift und sein Gesicht
wurd' fremder nun für jeden.
Der Gipfel, das war seine Pflicht,
kein andrer konnt's verstehen.

Und jetzt ganz oben angelangt
ist keiner seiner Seite;
zurück hat er die Welt gelassen,
verschwommen in der Weite.

Mit niemand er es Teilen konnt,
nichts, das ihn bewundert;
so hasste er die grosse Masse,
die ihn nicht als Held bekundet.

Der eisig' Wind, der machte starr,
die Federpracht des Pfau.
Die Federn brachen ihm hinweg,
die er auch nicht mehr braucht.

Und nichts und niemand war noch da,
nicht mal sein eigen Schutz;
am Gipfel, dort war kein Versteck
vor all dem innern Frust.

So war er nackt mit seinen Flügeln
und müde seines Ziels:
erkannte, das die grosse Freiheit
ihm wurde zum Verliess;

und sah, wie sind all Tiere klüger,
die bleiben, was sie waren,
und wie all diese Eitelkeit
das wahre Glück ihm nahm.

Ein Adler packte aus der Luft
ihn fest, so war sein Griff;
verspies den armen Pfau, den müden,
so war es seine Pflicht.

Mit scharfem Blicke alles sucht ,
was falschem Bild erlegen;
er dachte sich: „Wie bin ich klüger
als Pfauen, die zum Gipfel streben."

So liess der Adler sanft sich treiben
im wunderbaren Winde;
war keinem Tal und Gipfel nach,
das edle Himmelskinde.

Die Flügel konnten ihn befreien,
doch satt machte der Pfau,
der alle die Gesetze brach,
um auf die Welt zu schaun.

Zauberzeit (Das narzisstische Dilemma)

In einer Zeit der fremden Welt,
da waren grosse Mächte
und Zauberer, die gut und bösen,
geborn der künftig grosse Held,
mit unsagbaren Kräften,
sich von den Schatten lösten.

In ihr, da war alles lebendig,
es redeten auch Busch und Steine;
und auch die Tiere gleicher Zunge
sprachen zu dem Helden ständig,
die Flut sie brach über ihn, den Kleinen,
denn machtlos war er jene Stunde.

So liess das Kind sich in den Fluss
hinein, wo alles möglich war:
Sein Lachen liess die Blumen blühn,
und auch die seinig Angst am Schluss
den bösen Zauberer gebar;
ja, nichts konnt´ seinem Geist entfliehn.

So wuchs dieses bizarre Leben
heraus der Tiefe seines Herzen;
die guten Fehn, die Ungeheuer
schwammen seinem Strom entgegen;
all Euphorie und alle Schmerzen
entsprangen seinem Herzensfeuer.

Es war die Welt, die er geboren,
bis er wurd´ plötzlich eingesperrt.
Die Macht zu wünschen wurd´ gestohlen,
damit war auch der Held gestorben,
wurd seines Wissens er geleert
um ihn in unsre Zeit zu holen.

Der Glanz im Auge eines Helden
liess er zurück den sprechend' Bäumen;
zu schwer und starr ist hier das Leben
und Wunder gibt es höchstens selten
in den naiven Heldenträumen
mit Zauberern und Fabelwesen.

Der Fluch vom Kerker dieser Seele,
aus einer Welt, wo nichts ungreifbar,
bedarf zum Lösen eines Bildes;
die starre Welt sie wird ihn quälen,
mit der des Helden nicht vergleichbar;
der Blick versperrt des schweren Schildes.

Nichts ist da, was gibt zu schützen
und starre Welten leben nicht
der Held ist immer noch das Kind,
das seine Bilder darf benützen
Den dunkeln Kerker gibt es nicht,
das Licht zurück die Kräfte bringt.

Der geheime Garten

Zart schliessen sich die dunklen Wimpern,
ein seiden Tuch verhüllt die Augen,
und lässt die ganze Welt versinken
die einst auf Deinen Glanz durft schauen.

Lässt gehn all Schmerz und Lebenssorgen,
all Ängste, denen Du erlegen,
so lagst in meinem Arm geborgen
und sinkst tief in das Deinig' Leben.

Das sanfte Lächeln Deiner Lippen,
wie eine warm, nicht endend Glut,
besänftigt alle drohend' Klippen;
geben der Welt zur Liebe Mut.

So reich, die Wärme Deiner Haut;
ein Strom reiner Geborgenheit;
Dein Herz, das an das Gute glaubt,
hat sich jetzt seiner selbst befreit.

So sinkst Du lieblich in den Garten,
den Du dir schützt und hältst verborgen
lässt blühn die Blumen, ja die zarten,
von Lebenskälte fast erfroren.

Mild streift der Hauch von Deinem Atem,
der Reich am Dufte Deiner Seele
auf meinen Nacken, und lässt schlafen
mein Herz, welch fühlt die Deinig Nähe.

Und wie die Welt in sich hält inne,
die Stille spielt ihre Musik;
da hör´ich plötzlich Deine Stimme
die leise sagt: "Ich hab dich lieb".

Ich spür, wie Dein Herz stärker schlägt;
hör, wie es tanzt, sich mir erstreckt;
und auch das meinig in mir bebt,
als wurd es eben neu entdeckt.

Das seiden Tuch, die zarten Wimpern
lichten, was sie sanft umschlossen.
Im Glanz der Augen, tief von innen,
fliesst alles das, was schien verflossen.

Reinheit, Freiheit, wahre Liebe,
wie sie ein Mensch nur fühlen kann,
erhellt die Welt und lässt Dich fliegen;
der Blick spricht mit göttlichem Klang.

Es ist der Glanz von aller Sehnsucht
und Ehrfurcht und von Menschlichkeit;
es ist das Leuchten dieser Frucht,
die den geheimen Garten zeigt.

Ein letztes mal schliesst Du die Augen
und schläfst geborgen mit mir ein;
beschützt von Gottes sanftem Zauber
darf in den Garten ich hinein.

Stiller Schnee

Es wird dumpfer. Eben noch im Rausch;
der Rausch, er füllte, war satt geht unter.
Mein lastend Sinne erwacht und lauscht
der stillen Stimme, und fasst das Wunder.
Es wird dunkler, das blendend Licht;
das Licht, mich flutend´ ist verschwunden.
Mein müdes Aug´ dem Strom entwich,
im dunklen Staub sieht es die Wunden.

Und auch der beissende Gestank: Verflogen.
Verflogen wie nie da gewesen. So kühl
und rein konnt ich es Atmen; ganz oben,
wo gross die Flocken waren. Das Schneegespiel.
Silber schimmernd. Die gereihten Bäume
sich verbindend in silber weisser Harmonie.
Bedeckt der weissen Welt der Träume,
das Land verheissen, durstet der Poesie.

In dieser Kälte, eisig stille Winde,
sich nichts verstellte: Kein Busch und Stein,
alles war in sich gekehrt, zurück zum Kinde
und hat aufgesperrt, tiefst in mir drinnen.
So wurd mir warm, dem frohr´nen Herzen,
und füllte dann mit warmer Glut
den starren Leib, gekrümmt von Schmerzen;
heilte all Neid und all die Wut.

Feines Geäst, mit schwerem Schnee,
so war der Test wie stark wie bin ich.
Denn all die Last zeigt mir den Weg,
so war das Nass, das Schneegesicht.
All die Einheit im stillen Weiss
erzeugte Reinheit. Immer da gewesen!
Und gab mir Augen, womit ich reis'
zum Ort und schau' dem edlen Leben.

Eine Hand voll von Sand

Eine Hand voll Gold – feinster Staub.
So strahlt es wie Samt, wie nicht von dieser Welt
und doch vertraut – so leer, so voll,
wie fruchtbares Land, das leis zerfällt.

Mit diesem Aug', so ist es vollkommen;
ein mattes Leuchten – tief von innen.
Wie tausend Sonnen in die ich schau,
bevor's zerinnt und leis verschwindet.

Denn noch einmal, ein Blick auf die Hand,
die mit Würde gefüllt ist, der Schönheit ergeben.
Die Fülle von Glanz, so ist sie scheinbar.
Was drunter verhüllt ist: das wahre Leben.

Mit diesem Blicke, die Hand voller Staub,
ist sie ohne Wert, gefüllt nur von Sand;
dem Wunsche geglaubt, vertraut seiner Bitte,
hat die mich geleert. Vor dir eine Wand.

Eine Hand voll von Erde, rinnt leis' von den Fingern.
Kein Gold und kein Glanz, doch ist es dem Leben;
es sagen mir Stimmen: „Das Strahlen kann sterben."
So endet der Tanz, der Staub wird verwehen.

Wie liebt Liebe?

Liebe heisst nicht geben.
Nein, Liebe ist wahrnehmen.
Sie will nicht gehalten werden.
Nein, Liebe bedeutet gehen lassen.

Liebe will nicht glänzen.
Nein, sie legt die Maske nieder.
Liebe heisst nicht, sich selbst zu fühlen.
Nein, sie fühlt das Gegenüber.

Liebe ist nicht einfach da.
Sie will Tag um Tag entdeckt werden.
Liebe heisst nicht, sich nicht zu verlieren.
Doch Liebe findet immer zu einander zurück.

Liebe bedeutet nicht, ausgeliefert zu sein.
Denn dort wo sie sich begibt, kann sie endlos vertrauen.
Liebe ist auch nicht Angst, verletzt zu werden.
Nein, sie weiss, dass sie erkannt und erwidert wird.

Liebe ist nicht auf andere gerichtet.
Sie ist die Haltung, mit tiefstem Herzen zu begegnen.
Liebe ist niemals auf der Suche.
Sie ist das nicht endende Finden.

Liebe hat keine Vorstellungen.
Denn sie ist vollkommen als solche.
Liebe ist auch nicht Begierde.
Nein, sie ist unendlich bescheiden.

Und auch Leidenschaft ist nicht Liebe.
Denn sie würde sich niemals Leiden schaffen.
Liebe ist weder Zwang noch Pflicht.
Sie ist vollkommene Akzeptanz.

Liebe sieht nicht nur das Schöne.
Nein, sie sieht die hellen und dunklen Seiten
und macht sich beide liebenswert.

Blinde Augen

Wie blind sind diese schönen Augen,
die mit Sehnsucht in die Ferne sehn.
Die Augen, die mit Liebe schauen,
doch nichts, kein Halt, das sie versteht.

Wie blind funkeln mich an die Sterne,
sie leuchten traurig mir entgegen.
All das Schöne aus der Ferne,
all das, ist weit von meinem Leben.

Greifbar vor mir all das Glück,
doch sehn die Augen matt hindurch;
und finden nichts, nicht mal ein Stück,
zu gross von innen ist die Furcht.

Wie einsam blick' ich in die Welt,
die mir doch voll von Freunden ist.
Trotz den Flügeln fällt und fällt
die Seele, die sich selbst auffrisst.

Wie schön, wenn diese Augen sähen,
die Schönheit, die sich hier erstreckt.
Ich kann nicht lieben, mich, mein Leben,
denn ist es von mir so weit weg.

Die Augen, sie sind nicht bereit,
um wirklich in die Welt zu wachsen;
solang die Seele traurig bleibt,
und bleibt im Stande, sich zu hassen.

Wie Batterien

Hart gezeichnet – und starr,
die Geformten!
Tag um Tag ihren Mustern treu,
treu den Normen.
Die Welt, rar.
Nichts neu.

So wird gesogen – ihre Kraft,
wie Batterien!
Eingesetzt – und die leeren ersetzt.
Es wird verziehen.
Und vergessen.
Nach vorne gedacht,
im wachsenden Netz.

Nicht Seele ist es! Nein!
Illusion!
Ein Leben lang dem Bilde nach.
Und jeder: geklont!
Bereits tot.
Geblendet vom Schein.
Sie selbst sind zu schwach.

Auf engstem Raum – der Geist.
Für das System!
So wächst es, perfekt!
Wie nicht da sein.
Brav eingegleist.
Doch der dahinter? Nie entdeckt.

Manifestation des Gedanken

Ein Gedanke geht auf Reise.
Still, nicht sichtbar, keinem weise.
Begibt er sich ins Leben leise
und schleicht hindurch sich durch die Welt.

Der Gedanke war entsprungen
und ist keinem im Ohr erklungen.
Dennoch ist es ihm gelungen,
dass er sich zu den Grossen zählt.

Unscheinbar begann zu keimen,
im tiefen Kosmos, ganz von kleinem;
er wurd zu Licht, begann zu scheinen.
Doch keiner sah, wie es wurd hell.

So brach das Licht am Schluss herein.
Zurück zur Welt, als Sonnenschein.
Es nahm mit sich sein neues Sein
und wurd der Wirklichkeit gestellt.

Dann gab er dem, dem er entsprungen,
der einst gedacht hat, unbezwungen,
der Denker war mit ihm verbunden,
gab alles, das durch ihn bestellt.

So wage nur all die Gedanken,
die jedem ihrer Kraft auftanken.
Denn sprengen sie die Lebensschranken,
weil nichts in dieser Welt verfällt.

Lebewohl

Wenn das Leben zu mir spricht:
„Halt mich, fühl mich, wie du kannst!"
So tu ich dies und geb' mein Licht
an dem, der mir das Licht gesandt.
Wenn die Liebe von mir will:
„Lass mich, denn mir fehlt die Kraft!"
so tu ich dies und lass ganz still
das Einzig los, an das ich dacht.

Und wenn die Liebe mir verlangt:
„Lass mich fallen, ohne Scham!"
So muss ich wenden an der Wand,
an der ich sehnsüchtig ankam.
Und wenn das Tor bleibt mir versperrt
und sagt: „Ich kann nicht öffnen meine Pforten!"
Tret' ich nicht ein und lass Dich leer,
dein Herz für mich ist schon erfroren.

Und wenn die Nacht will dunkel bleiben.
Sie sagt: „So kann mich keiner sehen!"
Dann lass ich los das stille Leiden
und muss den ihrig' Wunsch annehmen.
Und wenn das weite Sternenzelt
mir sagt: „Ich will nicht fassbar sein!"
Kann ich nicht ändern, wie es fällt,
in Kälte, wo es ist allein.

Wenn diese Stimme sagt am Schluss:
„Es ist zu schön, zu viel für mich!"
Dann geb' ich ihr den letzten Kuss
und wünsch' der Stimme ein Gesicht.
Wenn der Natur nur der Weg bleibt:
„So bin ich, und so muss es sein!"
Dann hat sie nun mal mir gezeigt,
dass nur sie selbst kann sich befrein.

Nur ein Teil – das irdisch Leben

Wir alle gehen ein Stück zusammen
entlang des Weges dieser Welt.
Doch ist er nur ein Teil des Ganzen;
der Teil, der uns zum Mensch' beseelt.

Es kommt in jedem lichten Leben
der Punkt, an dem wir uns dem trennen.
So lasse diese Liebe gehen,
in Gewissheit, dass sie nie wird enden.

Ich durfte sein, der dich gebar.
So warst ein Teil von mir all Leben.
Doch bin ich Mensch – und war es klar,
dass ich das Ewige dir nicht kann geben.

Die Zeit, die du mir standst beiseite,
mit Liebe und mit all den Taten;
sie lassen mich erfüllt beschreiten
das grosse Ziel, der göttlich' Garten.

Auch wenn das Irdisch dich von mir trennt,
wie es der Mensch wohl tragen muss,
so werde ich bis aller end'
ein Teil sein deines Lebensfluss.

Nicht ich war die, die dich getragen
und dich geführt, dein Geist genährt.
In all den schnell vergang'nen Jahren
hast dich als starker Mensch bewährt.

Und stark ist nicht, wer nicht muss weinen,
und auch nicht, wer vom Weg abkommt.
Wer stark ist, kann sein Leiden zeigen,
er bleibt dem, dem er liebet fromm.

Die grösste Hürde unser Menschsein
ist loslassen, was Teil von uns.
So ist es deines Weges Stein.
Lass ihn zurück, mein letzter Wunsch.

Die Liebe wird dich nie verlassen;
Das Band, das uns zusammenhielt.
So lass das Irdische erblassen,
es ist ein trügerisches Bild.

Denn nur ein Teil ist diese Maske,
es ist nur Form von grossem Sein.
Wir tragen sie, wie tausend Lasten.
Jetzt bin ich frei! Bin Sonnenschein!

Augenblick

Der grau- und toten Weltenwand
ein lichtes Fenster reisst hinein.
Schimmert das ewig ferne Land
so sanft, wie kurzer Sonnenschein.
Erwerb' ich kurz die edlen Augen,
wenn ich durch diese Öffnung seh'.
Befreie mich der Weltenklauen,
der Fesseln, wenn die Zeit vergeht.

Und ohne Zeit, im Augenblick,
erkenn' ich grenzenlose Liebe!
Von tiefster Tiefe – Seelenglück!
Es ist mir wie göttlicher Friede.
Blickend' durch das klare Fenster
hinaus, gelöst der ewig Sorgen,
und auch von morgen meiner Ängste
sind für den Augenblick gestorben.

Jeder Suchende wird fündig,
der das so lichte Fenster sieht,
wo alles da, der Geist wird mündig,
der sonst dem Augenblick entflieht.
Nur meine Augen muss ich finden,
die mir das wahre Sehn' erlauben.
So war ich schlafend in mir drinnen
am erblinden! Ohne Glauben!

Erbaute mir die eignen Fesseln
um Halt in dieser Welt zu haben.
Ich sucht' und suchte wie besessen,
konnte das Suchen kaum mehr tragen.
Erstickte leis' in meinen Trieben,
als ich erbaute dieses Grau.
Verlernte mit dem Licht zu fliegen.
Klebte am Fleck, wie Morgentau!

Dabei ist nur ein Atemzug
entfernt das menschliche Erstreben.
Das Nichts ist mir bereits genug
um wahres Glück in mir zu leben.
Gedankenlos und nur im Jetzt
schimmert mir dies sanfte Licht,
das mich zurück ins Leben setzt,
dem ich im Leidensweg entwich.

Wie dichter Nebel, der einst war,
mit neuem Tag sich flüchtig löste,
zerbrach die Wand ins Unsichtbar
und blauer Himmel sich entblösste.
So wunderbar ich mir aufsaugte,
die lieblich' grenzenlose Welt!
Was ohne sie, verging und faulte.
Ja, all' das Zeitliche zerfällt.

Ewigkeit liegt im Moment,
in jedem, den ich fassen darf.
Der Augenblick war mir geschenkt,
als ich Gedankliches verwarf.
Ach jeder redet stets zu sich
und sagt, die Welt sei so und so.
Ist sie in Wahrheit nur das Licht,
das strahlt, ist diese Stimme tot.

Die Ewigkeit reicht mir die Hand,
zeigt mir die Welt, die immer da!
Sie riss das Fenster in die Wand
und zeigt, was mir verborgen war.

Weltenseele

Weltenseele, ewig Fluss! Ich rufe dich!
Weltenblume, stetig Keim! Bist mir göttlich!
Das winzig ich, ist mir bewusst. Ich such`dein Glanz.
Bin deines Strahlen Ein! Dein Blumenkranz.

Gottes Hand, die mich hält! Zart und lieblich!
sanfter Strom, der mich führt! Ergreif dich sehnlich!
Heller Klang, all`dir verfällt! Mein Lebensklang.
Bin dir ergeben, von dir verführt! Engelsgesang!

Schöpfend Brunnen, dem ich trink. Durste nach Dir!
Füllend Licht, lässt mich strahlen! Fliesst in mir!
Heilt all Wunden, in deinem Wind. Will Dich halten!
Bist mein Gedicht, welch löst die Qualen. Du Glut im Kalten!

Zeitlos Wesen, das mich führt. Lass mich gleiten!
Tiefste Liebe, die mir zeigt. Lässt mich gleiten!
Tiefste Ehrfurcht mich berührt. Fühl das Leben!
Das Kind in mir, ja es schreit! Kann der toten Welt vergeben.

Im Dunst

Da ist ein Dunst, ist dick und träge.
Die Welt darin, so dumpf und fern.
So scheint darauf ein Netz mir läge
und sitz' und sehe zu vom Stern.

Von dort wie ist die Welt mir klar
und strahlt in tiefen reinen Farben.
Und wenn ich mich in ihr begab,
so lese ich das Leid der Narben.

Da ist ein Nebel, undurchdringlich,
und kann nur ahnen wie es ist.
Dorthin, wie scheint es unbezwinglich!
All das ersehnte leis' entwich.

So weiss ich der vollkomm'nen Welt
und sehe wage ihre Schatten,
doch bin getrennt ein Sternenzelt,
ein Dunst vor mir ist zu durchwatten.

Ein Nebel, der mich allem trennt,
was mir gegeben, Teil von mir.
Und all vertrautes bleibt mir fremd,
solang ich mich darin verlier.

Worte

Worte, sie sind so reich – können Schöpfung sein.
Und doch sind sie erbärmlich, so wenige und klein.
Worte sind so leicht – können fliegen mit dem Wind.
Und doch sind sie erschwerlich – und machen blind.

Worte sind von edler Hülle – sie tragen unser Herz.
Doch können sie zerstören, sie fügen sich dem Schmerz.
Worte sind vollkomm'ner Fülle – und dennoch tot wie Stein.
Und der, der sie kann hören, den können sie befrein'.

Worte sind so mächtig – sie ändern unsre Welt.
Und doch sind es nur Worte, denen man verfällt.
Die Hülsen so gebrechlich – umschliessen leis' das Leben,
und bringen uns zu Orte, an denen wir verstehen.

Sie brechen all' die Stille – die Worte, die erklären,
ein Bruchteil von dem Allen, was wir als Mensch begehren.
Steht hinter dem der Wille, das Ewige zu greifen!
In Ferne hör' ich's hallen – und hör' die Stille schreien

Hineingeboren

Hineingeboren. In die Welt.
Sieh! Ein Vogel!
Ja, wir warn hoch hingestellt.
Doch fliegen nicht.
Nein. Jeder fällt.
Von dort oben.
Ja. Wir fliegen nicht.

Und trotzdem. Man liebt es.
Das Fallen.
Selbstmitleid. Dann verfliegt es.
Alle gleich.
Eins mit allen, doch verschwieg es.
Ja. Sich belogen.
Allein ists besser, so ist man reich.

Hineingestorben. Für bitt'res Ende.
Sieh. Jeder geht und welkt.
Mit jedem Tag, jeder fremder.
Isolation! Weg die Welt!
Sich selbst betrogen.
Ist ausgesogen.
Und fällt und fällt.

Einwegkunst

Zack bum zack.
Toll! Neu! Noch nie gesehn!
Kunst.
Zack bum.
Kein Denken. Klingt gut.
Nochmal: Zack bum.
Fertig!
Schräg. Fremd.
So ist es.
Kunst.

Zack bum zack.
Alle dabei!
Trend.
Zack bum.
Kein denken. Muss gut sein.
Schnell: Zack bum.
Trend.
Neu. Fremd.
So ist es.
Wahre Kunst!

Zack bum zack.
Schon wieder tot?
Langweilig. Alt.
Schnee von gestern.
Wegwerfkunst.
Kein Denken. Neu ist besser.
Zack bum. Grosser Wirbel!
So ist es.
Einwegkunst.

So der Wind

So der Wind.
Nicht greifbar. Nicht sichtbar.
Grosse Kraft aus ihm gebar.
Leis. Leis bringt mir Wellen.
Lichtes Kind.
Wie es ist. Ohne Verstellen.

So der Wind.
Unsagbar. Unvergesslich.
Ewig Flüchtend. Immer neu.
Düfte, Wärme. Unersetzlich.
Die ich find.
Bleibt mir treu. So der Wind.

Lieblich Wind.
Voller Fülle. Ohne Hülle.
Trägt mich. Ja, und trägt mein Wille.
Weit. Weit in die Welten. In Stille.
Leise Klingt.
Der wilde, sanfte, lieblich Wind.

Der steinig Weg

Schwer wie Blei sind meine Schritte,
und schmal und steil ist meinig Weg.
Gefahren tarnen sich im Glücke,
auf weiten Pforten sie gelegt.
So einfach scheint der lieblich' Pfad.
Lädt ein zum laufen leichtem Fusse.
Doch ernte ich die einstig Saat;
es ist die Strasse meiner Busse.

Betrete ich die weiten Pforten,
die mich auf breitem Wege führen.
So seh' im Spiegel mich verdorben
und kann die Tiefe nicht mehr spüren.
Aus diesem Streben nach der Fülle
wurd Leere, wurd ein qualvoll Sterben.
All der Glanz, er war nur Hülle,
war ein illusionäres Erbe.

Die Strasse wandelte sich still
zu einem lebensfeindlich Sumpfe;
verschlingt das einstig füllend Bild.
Mein Glanz im Aug' wird stumpf- und stumpfer.
Ich dachte mal, dort führt das Leben
mich zu den Tiefen, die ich suchte.
Wo ist mein innerst durstend Wesen?
Auf ihm ein Höllenfeuer-Fluche!

Und jetzt am Scheideweg die Wende:
Der steinig Weg, er ist noch da!
Dem ich mich heut' und hier bekenne;
so wird es langsam licht' und klar.
Wahrlich fühl ich mehr und mehr
die Seele hinter starre Masken.
Und jeder Schritt füllt dieses Leer,
welch war die grösste aller Lasten.

Die erste Saat

Mit leerem Blick versuch zu fassen,
die Fülle, wie sie war.
Die Farben, die so schnell verblassen;
Farben die mich wogen, Tag für Tag.
So lasse ich dem Blick die Träne
Die einzig, die ich je verlorn.
Lange schon ich sie ersehnte;
gefangen war sie, eingefrorn.

Jetzt werden diese Augen nässer
und tragen tiefen Schmerz heraus.
Es tut so weh, doch nichts tut besser;
endlich, ja endlich kommt alles raus.
Mit durstend Blick versuch ich greifen,
die engelhafte Melodie.
Sie musste meiner Narrheit weichen,
die ich verblendet so geliebt!

So rinnt noch mal die Träne schmerzend;
schwer ist sie und schmeckt nach Salz.
Niemand wusste meines Herzens
und meines inneren Zerfalls.
Nun schenke ich dir diese Träne.
Es ist das Wertvollste ich habe;
denn sie öffnet dir die Wege
zur meiner Seele still und wage.

So lass ich fallen meine Schilder,
seh mein Gesicht zum ersten Mal!
Alles davor, die vielen Bilder!
Nur Schein, der mir die Unschuld stahl
Jetzt darf ich Mensch sein, der ich bin,
mit dieser Träne offenbart.
Darf mich befrein, das weinend Kind
Und setz damit die erste Saat.

Abschied deines Lichts

Kurz war das Tor geöffnet,
hat's dich empfangen mit dem Herzen!
So hast du dich dem Licht gelöst,
als Funken aus der fernen Welt.

Hast dich entschieden für das Leben,
bereit für all die irdisch' Schmerzen.
Gingst durch das Tor von unsre Seelen
und hast dein Wesen vorgestellt.

Kurz durften wir dein Licht erfahren,
das heller war als all zuvor!
So rein, so frisch und unbehaftet,
warst du bereit ein Mensch zu sein.

Die Ewigkeit, dort ist kein warten,
bis dich das Leben sich erkor.
So hat die Liebe sich entschieden,
dass Du heut bleibst der Sonnenschein.

Die Seelen konnten Dir nicht bieten,
was Du gewünscht in deinem Kommen,
und bitten dich, dies anzunehmen
und warten auf die Wiederkehr.

Die Wiederkehr von deinem Lichte,
das auf den Weg hierher zerronnen,
im Wissen, dass die Zeit des Lebens
von deiner Seele bald wird kommen.

Meine lichten Flügel

Ich breite meine Flügel aus,
mein Blick will die Ferne berührn.
Erwartungsvoll will meine Seele raus
und durstet danach, die Ewigkeit zu spürn.

Sehnsucht voller Sehnsucht fass ich den Punkt
An dem der Himmel die Erde küsst.
Die wage Linie verschwimmt im Dunst.
Das All, wie es sich auf das weltlich stützt.

Sanft, so Sanft berührn die Winde mein Gesicht
und fliehn mit all Gedanken fort.
Voll von Feuer brennt Sonnenlicht.
Bin nun bereit für diesen fernen Ort.

Es regnet auf mich tausend Flüsse
Und wäscht mich rein meines Verstands.
Tausendfach in mir all die Ergüsse.
Vor mir wird klar das versunkene Land.

So atme ich in meine Lungen,
all die Liebe, all die Kraft!
Ich vergesse meine Wunden,
damit ich Licht bin mit der Macht.

Ich breite meine Flügel aus
und spanne mein Gefieder.
Mein innerst Licht verlässt das Haus.
Verlässt mein Kopf und meine Glieder.

Mit einem Schwung heb in die Lüfte,
so leicht zum Horizont hinauf.
Mit Tränen seh die Welt verflüchten,
sie nimmt den Untergang in Kauf.

Doch mein Licht, so weiss und kräftig,
fliegt nach Hause, zurück zur Ewigkeit.
Alle Winde, Wasser und Feuer so heftig,
vereint im Staub – dem ich befreit.

Mit meinen Flügeln die mich tragen
zurück zum Anfang – lichtes Kind!
Zurück zur Antwort aller Fragen
mich mit der Helligkeit verbind.

So öffne wieder meinig Augen,
in meinen Körper mich begebe.
Darf wieder in die Weite schauen
Zurück der Sehnsucht meines Lebens.

Blume des Regens

Es regt sich tief in meiner Seele.
Entspringen wage Bilder.
Und alle Schilder
lass ich fallen, und ich gebe
mich dem Traum hin, den ich Lebe.

So geb ich diesem Traum mein Herz;
ist meine Wahrheit!
Gibt mir Klarheit,
doch es schmerzt!
Da all' zurück zum Traume kehrt.

Es liegt mir stets der süsse Duft,
mit jedem Atemzug,
mit jedem, den ich tu,
von dir in einer kühlen Luft
die seine Blume sucht.

Die Nacht lässt ihre Blüten schwinden;
wird Knospe und hält inne.
So war die Blume ein Moment
die Lebensstimme aller Sinne;
und jetzt, bin ich ihr fremd.

Ihr Strahlen macht sie sonderbar,
doch durstet sie, wie alles Leben.
Der sie betrachtet, sieht kein Regen;
doch aus diesem, sie gebar.
Nur so konnt sie zum Himmel streben.

Bleib du mein Wunder dieser Welt
und lach dein Lächeln dort hinein.
Sobald für dich der Regen fällt
wirst du gedeih'n,
wirst du mit jedem, allem Ein.

Grosses, schwaches Herz

Was hilft ein grosses sanftes Herz
wenn es nicht schlagen kann alleine?
Und niemand sieht den blutend Schmerz
in diesem, wenn ich niemals weine.

Wenn dieses leidet, macht es zu,
macht einen kalten Mensch aus mir.
So fliesst das unsichtbare Blut,
das auf dem Weg zu dir erfriert.

Was hilft das allerliebste Herz,
wenn es verleugnet seiner selbst?
Und alles dieser Welt bestärkt,
wie sehr es in die Tiefe fällt.

Und jene Träne aus der Seele
macht dicker dieses kalte Eis.
Niemand sieht's, wie es sie quälet,
die Hilferufe werden leis'.

Nicht mal das eigen Lachen hilft;
das Lachen, das nach Liebe sucht.
Es ist mit reinem Schmerz erfüllt
und macht es mir zum schweren Fluch.

Was hilft ein sorgend weiches Herz?
Geborn' für all' erdenklich Liebe!
Wenn es zur Lüge wird geleert,
um sich zu schützen in der Wiege.

Nun ist es nackt und kann sich sehn
und sieht die Narben, die sich zeigen.
Die stechend' Schmerzen, die verwehn
aber die Narben werden bleiben.

Wenn so ein Herz noch kann geliebt sein
von wahrer Sehnsucht meiner selbst,
dann schlägt es weiter, ganz allein
Die Wahrheit lebt sich nur entstellt.

Ich will es tragen, dieses schwere,
dieses nüchtern und warme Herz.
Es ist das einzig, das mich kann Lehren:
mich selbst zu lieben, trotz all dem Schmerz.

Ich will es finden, diese Liebe,
ich will endlich Ich selber sein!
Ich lass die Tränen aus mir fliessen,
und meine Ehrlichkeit befreit.

Grosser Schöpfer

Grosser Schöpfer. Alles gebend.
Spielst mir Lebensmelodie
Stiller Klang zu jedem strebend.
Du, der all die Worte liebt.

Machst, das all zum Einen schwingt;
der Kosmos, meine Symphonie;
so tief in mir das Werden klingt;
Du jedem Leben alles gibst.

Grosses Licht. Das All vereinend:
bringst Tausendfältigkeit zusammen;
aus Deinem Quell die Farben scheinend
und sich still in Dir bannend.

Gibst dem Wesen stilles leuchten;
die sich Dir ehrfürchtig annahmen;
und Schatten, die das Ich am täuschen
sich lösen – im Klange Deines Namens.

Ewigkeit des weiten Raumes;
schenkst all' dem kleinsten Wesen.
Die Wirklichkeit von Deinig' Traume
wird stets zum Abbild meines Lebens.

Erfahre Stück um Stück die Reinheit
entspringt dem Deinig' lichten Regen.
Mein Herz, Behälter meiner Freiheit
kann Dich, mein grosser Schöpfer, sehen.

Gestrandet

Gestrandet. Endlich.
Nach nicht endend Treiben.
Von Strömungen gezerrt und ständig
von Wellen erstickt im endlosen Leiden.
Dem Ende nah. So oft.
Im haltlosen Meer der Tiefe.
Im Dunkeln verlor'n – und doch,
es war, als jemand mich führt' und riefe.

Und nun: ans Ufer gespült.
Erschöpft liegt der Körper im Sande.
Im Geiste wohl noch wie das Meer aufgewühlt.
Ja! Dem nüchtern Tode entgangen.
Gestrandet. Wahrlich.
Einer Reise, die Leben sich nennt.
Ums überleben, kämpfend, beharrlich
wurd' der Erde sich fremd.

Nun darf er schweifen:
der Blick. Der endlosen Ferne.
Dessen er Teil war – ihresgleichen;
so wie vom Himmel die Sterne.
Gestrandet. Einsam und frierend.
Dem Meere entkommen.
Nackt und allein – verwirrend,
so blick' ich benommen

den Wellen des Meeres
mit Sehnsucht, als wäre
mein Leben genommen.
Dabei hat' ich's doch endlich, endlich wieder bekommen.

Du rufst

Du rufst, von fern hör' ich Dein Schrei:
„Ich bin frei! Ich bin bereit!"
Achtsam lausch' ich Dir.
Und fühl und riech dich.
Und seh' das Kleid;
das Deinig, wie es schimmert,
sanft im Licht,
in allen Bäumen, jedem Tier
von weit, von weit
weg meiner Sinne.

Es streift ein Lächeln mein Gesicht:
„Du grosses Licht! Dass es dich gibt!"
So dank' ich diesem,
dank' dem Rufe
meines Glücks.
Und lass' im Treiben
los das Suchen.
Und lass' Dich fliessen
Durch mich, durch Dich!
Lass mich befreien.

Mein Kind

Wo bist Du?
Wo nur muss ich suchen?
Du.
Mein Kind! Du, meine Welt.
Nirgends steht's. In keinem Buche.
Alles fällt.
Alles zerbricht.
Selbst das Licht.
Erlischt.
Im matten Tuche
verhüllt
ist Dein Gesicht.

Wo bist Du?
Mein Kind! Mein Blut.
Verloren bist Du mir gegangen.
Verloren.
Und ich?
Gefangen.
Gelähmt. Erfroren.
Gestorben.
Komm nach Hause!
Durch die Tore.
Wo Du warst, in meinem Bauche.
Du.
Weil ich dich brauche.

Eine Träne nimmt den Schmerz.
Sie ist warm.
Und schwer.
Wo bist du?
Ich bin leer.
Mein Herz
füllt sich mit Scham.

Es brennt, wie Glut.
Du fehlst mir.
So sehr.
Wann?
Wann bist du hier?

Was ist schlimmer?

Dort.
In meiner Brust;
ja, dort!
Es brennt.
Wie an sonst keinem Ort!
Ja, Verlust!
Es ist Verlust,
so wie ich denk.
Und die Leere ist es,
die so brennt.
Immer abgelenkt:
Ich muss, ich muss!
Ständig getrieben.

Dann versuch ich's wieder:
mich selbst zu lieben.
Ja, dann kommt es:
dieses Brennen.
Verenden.
Ruhelos.
Ohne Frieden.
Wie raue Winde!
Wie dunkle Stimmen!
Ein brennend' Tropfen.
Stetig, auf gleicher Stelle.
Immer.
Immer wieder!

Sag mir, was ist schlimmer,
als schmerzerfüllt nicht mehr zu hoffen?
Was ist schlimmer?
Sag es mir!

Ja, da gibt's nur eines:
Gar nichts spür'n. Gar nichts.

Reise zum Weihnachtsstern

Lass es leise werden.
Schliess die Augen.
Ja, mach sie zu.
Vergiss den Lärm um dich.
Vergiss ihn.
Und auch den Lärm in Dir.
Lass ihn leise werden.
Lass all Dein Sein auf Erden
gehen.
Wie Wolken, die am Himmel leis verwehen.
Lass sie los, Deine Gedanken.
Lass sie los.
Und atme.
Atme in dich hinein,
die grenzenlose Welt,
so wie sie ist, ohne Schranken.
so wie sie ist:
nüchtern und rein.
Und über Dir, da ist es Nacht.
Ein paar Sterne, sie funkeln.
Doch sonst ist es dunkel.
Dann siehst Du es:
Da ist ein Stern.
Er ist heller, als die anderen;
die kleinen müden Lichter.
Jetzt wächst Du.
Über die Decke hinaus.
Du wächst. Und wächst.
Du lächelst.
Siehst die Dächer unter Dir.
Immer grösser wirst Du.
Immer grösser.
Bald siehst Du die Umrisse
der Erde.
Kontinente, Meere.

Du blickst nach oben.
Ja! Dort ist er.
Der helle Stern.
So wächst Du,
von ihm gesogen,
hinein, ins Dunkle.
Erde, Mond und Planeten.
Sie werden klein.
Und auch das Sternenzelt.
Du lässt es zurück.
Du wächst.
Jetzt bist Du so gross.
Millionen von Lichtjahre sind es.
Die zwischen jeder Körperzelle liegen.
So gross bist Du.
Es ist kalt.
Und Einsam ist es.
Der Stern aber, er kommt näher.
Ein helles Licht strahlt aus ihm.
Und dann:
Wo das Universum fertig ist.
Pulsiert und strahlt er.
Der Stern.
Es ist weiss. Reinstes weiss.
Und das Licht,
es flutet Dich.
Füllt die Dunkelheit mit Licht.
Wieder lächelst Du.
Das Licht ist warm.
Prickelnd warm.
Lass es fliessen
in Dein Herz.
Jetzt friert es nicht mehr.
Und Dir wird klar:
Das Licht ist die Liebe.
Reine Liebe.
Bedingungslos.

Und es ist Hoffnung.
Es ist das Licht, das am Ende eines Tunnels erstrahlt,
damit wir aus dem Dunkel finden.
Es ist das Licht, das in den Augen funkelt,
wenn wir uns erfreuen,
an Nichtigkeiten, die alltäglich sind.
Es ist das Licht, das uns zur Versöhnung bringt.
Mit uns selber.
Und wenn die Wellt an uns zerrt,
und unser Leben geprägt vom Schicksalsschlag,
dann wird uns dieses Licht
die Hand reichen,
und uns Mut geben,
für die Dinge, die wir ändern können;
und uns Gelassenheit geben,
für die Dinge, die wir nicht ändern können.
Dieses Licht trägt die Weisheit,
das eine vom anderen zu Unterscheiden.
Behalte dieses Licht in deinem Herzen.
Und kehre zurück
auf Deine Erde.
Vergiss aber nicht,
das Licht von diesem Stern:
Es ist immer da.
Brauchst Du es,
Dein Herz ist sein zuhause.
Es lächelt voller Frieden
aus Dir heraus.
Und dieser Stern,
willst Du wissen, wie er heisst?
Er ist kein anderer
als der Weihnachtsstern,
der uns führt, der immer da ist;
und der heute als Gottes Zeichen
für jeden sichtbar ist.

Liebstes Leben.

Vieles hast Du mich gelehrt.
Und ja, schwer war es oft.
Lieblos und schwer.
All die Mühen: verflucht hat' ich sie
- und doch -
so brachte mich all das zum Ziel.

Vieles ist geschehn.
‚Warum ich?' dacht' ich mir.
Nicht zu verstehn!
Jetzt sehe ich,
wie Du mich führst
zu neuem Licht.

Liebes Leben. Viel leichter nun.
Wenn ich vertraue. Dir.
Muss nicht kämpfen. Muss gar nichts tun.
Was auch passiert.
Du weisst warum.
Du weisst warum.

Dankbar bin ich Dir für dieses.
Dankbar für alle Zeiten.
Dankbar, dass du mich leiden liessest
und dunkle Wege mir gemacht.
Gerade diese mich befreiten;
aller Ursprung war deine Nacht.

Eine Zeit zurück

In eine Zeit zurück,
dort sieht mein Aug'.
Schmerzend, gläsern ist mein Blick.
So vieles aufgestaut.

So vieles.
Doch fühlen konnt' ich nicht.
Niemals. Niemals.
Begraben, fern vom Licht.

Kalt war es in dieser Zeit.
Starr gefrohr'n von Innen her.
Ohne Glück, auch ohne Leid.
Nein. Von allem war ich leer.

Ein Kampf war es, im endlos' Elend.
Tag um Tag. Jahr um Jahr.
Für kurzes Glück und überleben.
Mehr war es nicht, mehr war nicht da.

Verkümmert in der Steinfassade.
Da war etwas, war leis am Sterben.
Übersät von dunklen Narben.
Schon lang war ich nicht mehr auf Erden.

Am ersticken, konnt nicht atmen!
Nach Liebe rufend, weg von mir!
Stöhnend, schreiend, klagend!
Saugte mich leer, wie ein Vampir.

Es kommt zurück. Da sind Gefühle!
Schmerz ist da! Brennend Schmerz!
So wunderbar, da ich mich spüre!
Mir ist dies Leiden so viel Wert.

Nun kommt sie, nach ein' langem Leben:
Eine Träne entrinnt der Hülle.
Sie bleibt an meiner Wange kleben.
Ich fühle wieder! Ja, ich fühle!

Ich bin zu Hause. Ich bin zurück.
Ich lebe noch. Ich lebe wieder.
Ich nehm es an, all' Leid und Glück,
als ein Geschenk der Eigenliebe.

Dein Lächeln

Tiefes, wundersames Lächeln.
Heut Morgen, als ich Dich sah!
Es zerrten Sorgen und Gedanken -
und Du, Du lächelst nur ganz zart.

Ich atme ein, den sanften Gleichmut;
lieblich und wertfrei mir verkündet:
„So wie es ist, so ist es gut.
Dein Schwermut ist mir unbegründet."

Und wenn Dein Lächeln mich erfasst
so fühl ich prickelnd, mildes Fliessen;
bis kein Gedanke mehr gedacht
und mich dann löst aus dem Verliesse.

Ja, Deinig Lächeln, liebe Welt,
schenkt mir Vertrauen Deiner Liebe.
Als Teil des Ganzen auserwählt
fühl ich ganz tief in mir den Frieden.

So darf auch ich für hier und jetzt
aus tief Verborgenem mich wagen
zu belächeln, in Deinem Netz
bin ich ein Faden,

der von dir stets
wird sanft getragen.

Ein Stück von mir

Die Felder, frisch nach Lebenslust
so riechen sie.
Was einst im Dunst versunken
wurd nun zum sonnig Tag.
Doch die Angst vor all' Verlust,
geht nebenher.
Des Reichtums trunken.
Die schon immer in meinem Herzen lag.

Das lichte Tal, in dem ich meine Wunden lecke,
meines Krieges.
Lässt mich lächeln zu der Welt,
die mich verdursten liess.
Es erhellt die dunklen Stellen, die ich verdecke.
Und doch ist vieles,
das der Dunkelheit verfällt,
in dem von mir erbaut' Verliess.

Ich lass das Glück in voller Prunk
in das Herz.
Mein klein und schwaches.
Es regt sich, greift nach seiner Rettung.
Doch es blutet, es ist Wund.
Jetzt fühl ich es – den Schmerz.
Doch wenn es Tag ist, dann lacht es.
So ist es leichter, einfach wegtun.

Wer kann es dann noch sehn,
das Leiden.
Wenn ich mich aller Kraft abwende.
Der Schwere flüchte.
Ich muss mir eingestehn.
Muss mich entscheiden,
mich nicht zu blenden.
Nur dann, dann bin ich wirklich nüchtern.

In Demut

Du, mein All. Mein ewig Licht.
Begleite mich.
Es ist kalt. Gib auf mich Acht.
Führ' mich, oh führ mich durch die Nacht.

Du, mein Herrscher, meine Milde.
Gib mir Dein Schilde. Gib mir Schutz.
Gib mir die Kraft zu Deinem Erbe,
bewusst ein Teil des Werks zu werden.

Du, die all durchdringend Liebe.
Lehr mir Demut Deiner Grösse
Ich bin ein Kind, still in der Wiege,
und fühl wie sehr das Leben wehtut.

Du bist niemals weggegangen.
Und ich versagte, all die Tage.
Und dennoch hast Du mich verstanden.
Schenkst mir ein Teil Deiner Agape.

Du, mein Licht jenseits der Mauer
Erbaut der Zweifel meiner Selbst.
Wurd zum Gesicht, zu meiner Welt.
Dahinter nagte tiefste Trauer.

Du, die Kraft in meinem Herzen.
Hälst Tore stets für mich bereit.
Ich danke Dir der tiefen Schmerzen,
Es lässt mich sehen, das meinig Leid.

Du – die Einheit, du das Werk.
Dass Grosse, das mir Menschsein lehrt.
Mich befreit dein gütig Schwert,
so bin ich Dein, mit diesem Eid.

Du, lass mich als Diener,
des Deinig licht' und sanften,
vollendend Willens handeln.
Lass mich darin sterben.
Und darin neu geboren werden.

Mein Baum

Rauschen. Ewig Rauschen.
Dein Klang.
Es ist der Bach, den Du gewählt,
zum allzeit seiner Stimme lauschen.

Saftig. Saftig sind um Dich die Büsche.
Dein Land.
In Deinem Wald, den Du gewählt,
sind fruchtbar all die lieblich Düfte.

Frisch. Frisch und kraftvoll ist der Wind.
Und sanft.
Unter dem Himmel, Du gewählt;
so rein, wie tief in mir das Kind.

Kraftvoll – gibt Dir Lebenslicht.
Die gebend Hand.
Die Sonne, welche Du gewählt,
die nie von Deiner Seite wich.

Du gibst. Gibst mir die Liebe,
zu mir gewandt.
Denn ich hab Dich ausgewählt.
Gibst mir den wertvollst Deiner Triebe.

Bleibst immer mein, ein Teil von mir.
In tiefsten Dank,
dass Du auch mich gewählt!
So lass auch ich mein Zoll bei Dir.